मेरे मन के गीत

कल्पना

Dhanwanti Mishra

BookLeaf Publishing
India | USA | UK

Made with ❤ on the BookLeaf Publishing Platform
www.bookleafpub.in
www.bookleafpub.com

Dedication

This book is firstly dedicated to my 5th standard teacher, Teacher Theresa . Her words still echo in my head " you are going to be a great writer " ⊠, these words have kept the writer in me alive.

Importantly, this book is also dedicated to myself.Pat on the back, as this is one of my life goals, to write a book, & here I am taking baby steps with every oppurtunity.

Preface

The motivation behind this book was my feelings capsuled together with life's experiences.

As a teenager writing down my thoughts meant freedom of expression in words and hence this book was born. The poetry, imagination expressed via this book are precious thoughts, which I am sure would resonate with each one of us at some point of our life.

Hope you'll enjoy these poems, much love.

Acknowledgements

I would like to express my heartfelt gratitude to everyone who stood by me on this poetic journey. To my family, thank you for your endless love and support through life's highs and lows. To the friends who listened, encouraged, and believed in my voice—your presence means the world to me.

A special thanks to those who inspired these poems through shared moments, conversations, and challenges. You may not know it, but your impact lives in these verses.

To my readers—thank you for opening your hearts to my words. This book is as much yours as it is mine.

1. विनाश से आग़ाज़

आज चलने दो, बौछारें गोलियों की,
खून से सनने दो ये गलियारे,
देखना है हमें क्या इंसानियत,
और इंसान इतने है हारे?

भ्रष्टाचार हुए, सीमाओं पे वार हुए,
देशद्रोह बढ़ कई बार,
सीमाओं पे वार हुए |

आब और नहीं साहा जाता,
इस जहन्नम को जहांन का नाम नहीं दिया जाता |
पानी अब पहुँच चुका है सर के पार,
जब धज्जियाँ धज्जियाँ हो चुका विश्वास, इंसानियत और प्यार।

जिए जा रहे है सभी ज़िंदा लाशें बने,
इससे अच्छा तो वो ज़िंदगी जो कभी शाहिद कि
अब कहीं कोई इंसान बन सकता है नरभक्षि
अब तू ही बता
क्या इससे अच्छे नहीं पशु पक्षी?
अपनी ही बिरादरी पर नहीं करते वार,

पर ये इंसान तो कर चुका है अपनी सब हदें पार।
इसलिए कहती हूँ,

आज चलने दो, बौछारें गोलियों की,
खून से सन्ने दो ये गलियारे,
देखना है हमें क्या इंसानियत,
और इंसान इतने है हारे?

शायद कही विनाश से,
एक नया जहाँ पनप सके।
हैवानियत भूल इंसान,
इंसानियत निभा सके,
विनाश से एक नया आग़ाज़ हो सके।

2. रिश्ते

रिश्ते जब जिंदगी में लगने लगे बोझ,
एकतरफा हो जाए, तो वो जंग खा जाते है दोस्त
होना नहीं चाहिए, ये एकतरफा, चाहत से बनी रहे, दोनों ओर से ये हमेशा.
स्वार्थ, बेइमानी ना हो इनमें कभी,
सम्मान, प्यार हो नींव इनकी |

जब कभी तंग हो जाए किसी से,
बोल दो वो बातें, जो ये दिल कहें।
समझलो एक-दूसरे को,
वक्त दो एक-दूसरे के सपने पूरे होने को |
याद रखना, दिल के रिश्ते होते हैं नाजूक,
हमेशा इन्हें संवारना, अनदेखा करने की ना करना भूल |

3. नसीब

नसीब में है बहुत कुछ गड़ा,
पर क्या इसे खोद-खोद ऐ इंसान तूँ ना हारा?

क्या ढूँढता है इन लकीरों में?
जब कुछ बिगड़ जाए, क्यूँ कोसने लगे इन्हें?
याद रख, ये हथेलियाँ है तेरी और तेरा ही नसीब
तो क्यों ख़ामख़ा रुसवा है तुझे तुझसे?

कुछ करना है तो खुद को खुदा के हवाले कर,
जो होगा होने दे, कर अब अपने पे हिम्मत, खोल दे मेहनत के पर।
याद रख़ जीतता वही है जो हो मेहनती,
और दुआयें जिसके साथ है ।

4. ज़िंदगी

ज़िंदगी जीना भी एक सजा है,
हँसी हँसी जो ज़िले उन्हें ये मज़ा है।

हमारी राहों में तो कंकड़, पत्थर है आते।
जब ये थमे तो ज्वालाओं की तपिश हम पर बरसे,
सूखा था हर मोड़ पर, शिकवे इतने की याद ना आते ।

उस दिन का इंतज़ार है, इन निराश आँखो को,
जब ये ज़िंदगी हमें भी अपने कोमल हाथों से उठा,
हमें देगी एक मौक़ा हँसी हँसी ज़िंदगी जीने का ।

5. कश्मकश

तड़पता हुआ छोड़ गए तुम,
अब पूछते हो हमसे, हाल क्या है?
दो पल दिल्लगी कि हमसे,
अब पूछते हो, मोहब्बत क्या है?

दुनिया वालो से छुपा लेंगे,
हमारी मोहब्बत को हम ।
पर अपनी वफ़ा, क्या कभी एक दूसरे से छुपा पाएँगे?

हमारी तक़दीर में तुम ना सही,
कश्मकश में घिरे,
दो पल साथ गुज़ारा
फ़रेब ही सही,
कभी हमने तुमको चाहा ।

बयान कर तुमने उस दिल के तूफ़ानों को,
इस तरफ़ भी आग लगाई।
क्या सोचा था ज़ालिम आपने ?
जो बात आज यहाँ तक आई ।

6. तुम्हारा ख़याल

रुबारु जब होते हो,
ना जाने हम क्यों काँप उठते हैं ।
लवज तो कुछ ना कहे पर कहीं अंदर कई बिजलियाँ कड़कती हैं ।
दिल तो कहता है इन नयनों को बंद कर,
अनदेखा करूँ, पर क्या करें,
ऐसा किया भी तो,
मन में दिखते हो तुम कहीं खडे ।

7. हमसफ़र

यूँ तो ज़िंदगी में कई दोस्त मिलते है,
कुछ दो पल साथ निभाने के, कुछ हमसफ़र बनकर ज़िंदगी गुज़ारने के।

आप को भी पहली नज़र देखा तो दो पल के मेहमान लगे,
कुछ कदम साथ यूँ ही चले की आप हमारे ही अपने लगे।

अब आप का इरादा क्या है, यह तो नहीं पता,
पर तमन्ना है हमारी, कि हम दोनो मिलते रहे यूँ ही सदा।

8. इश्क़

मंज़िल की तरफ़ बढ़ते कदम अगर रुक जाए,
तो कोई ग़म नहीं,
ऐ दोस्तों, कई रास्ते है कई मंज़िलों तक ।

हवा के साथ उड़ता वो कतरा अगर कही गिर जाए,
तो कोई फ़िक्र नहीं,
दूसरे हवा का झोंका ,दुबारा उसे आसमान में उड़ा देगा ।
दिन अगर ढल जाए तो कोई डर नहीं कल सवेरा फिर उगेगा ।

अपना दिल अगर किसी पर हार बैठे तब तो ग़ज़ब हो जाए,
क्योंकि ये दिल है दिल, जो दिमाग़ कि बातों में ना आएगा,
दुबारा किसी पर ना होगा फ़िदा क्योंकि इश्क़ ना होता सदा ।

9. पुनवेची रात

त्या पुनवेचे राती,
सोबीत चानने आशिल्ले तुजे म्हाजे मदी

तूज्या दोळ्यांतल्या ते भाशेत
क़ाय वेग़लीच उतरा हावे परख़ीली
नशा आशिली ततंत हांव चिंभ जे भिज़ले
कायंच उलायनास्ताना नकलत
तु सगलेच उलोवन गेल्लो

फ़कत दोलनिच गुस्पूँक नाका मझो हो मोग
केन्नाई तरी उतरनी सागून कर एक प्रयोग

10 . स्वप्न संभाषण

"तुम मुझे वोट दो
हम तुझे कामयाबी देंगे ।"
हमने तो यार पिट दिया ढिंढोरा,
ये जनता भी अजीब है,
अब पीछा ना छोड़े हमारा ।

अंदर की बात क्या,
हम और हमारे जाने ।
फ़ाइलें , वादे, योजनाएं ,
यह सिर्फ़ है चालें ।

देंगे रोज़गार, पर चक्कर काटो बार बार ।
सड़क, बिजली, पानी का पुरवा करेंगे,
बस और कुछ महीने करो इंतज़ार ।
शिक्षा और स्वस्थ है ज़रूरी,
यहाँ तो कुछ करेंगे फ़िज़ूल ही ।

हमें तो अच्छा लगे बड़े बड़े भाषण देना,
प्यार मिले, सम्मान मिले, बाकी कहे "हम है ना"।
ना ही अमिताभ है, ना ही प्रीति,

पर खोलो आज का अख़बार,
अपनी हम जमाएँगे हाज़िरी ।

बाहर वाले क्या जाने हमारी नीतियाँ ,
उजड़ जाते है वो, जो तोड़ देते है हमसे दूरियाँ ।
हमसे दूर रह करो इंतज़ार,
'सत्यमेव जयते ' जिसे मिले,
हो जाता है उसका उद्धार ।

पवित्र गीता पर हाथ रख़ ,
देते है गवाहियाँ खूद पाक होने के ।
ऐसे घोटाले करते है,
जिन्हें गंगा भी ना धो सके ।

"चट पैसा, पट काम"
यही है आज के नेताओं का ब्रिद नाम ।
ऊपर का पैसा बच जाता है तिहाई,
काटते- छाटते, छल कपट से ।

और भी बहुत कुछ है जनता के लिए करना ,इस बुढ़ापे में बाकी है
कई पाप करना ।
मीठा है यह राजसिंहासन,
दिल नहीं करता छोड़ने को यह आसान ।

पछतावा तो होता नहीं ,
जनता की नींद अभी खुली नहीं ।

जागेंगे तब, जब चुभेंगे शूल,
सचेत रहेंगे भविष्य में, दुबारा ना करेंगे ऐसी भूल ।

हम जैसे को लगाम ना देंगे देश की ,
कामयाबी तब चूमेगी कदम इस देश की ।

तब तक प्यारे हम फूलें फलें,
वक्त है अभी हम भ्रष्टाचार कर निकल चलें ।

11. मजबूरी

मजबूर तो हर कोई होता है,
तो हर कोई कैसे जीता है?

इस दुनिया में सिर्फ़ राधा और सीता ही क्यों मजबूर थी?
एक ने मजबूरी में अपनी प्रीत खोई,
तो सीता ने नारीत्व की परीक्षा के लिए अपनी ही चिता पर सोई ।
यह भी कैसी मजबूरी जहाँ, एक राधा श्याम के इंतज़ार में जीवन भर,
खड़ी गुमसुम रोई ।

12. दोस्त

मिले हम दो अनजाने ,
एक नज़र आपने हमें निहारा, तो हम रह गए सहमे सहमे।

लगा हमें कुछ नियत में है खोट आपकी,
आपके इशारों में भी झलकती थी आपकी आशिक़ी ।

ज़िंदगी में मोड़ ऐसा आया, जब आपने हमारी तनहाइयों में दिया हमें
सहारा।
अब जब आपके बारे में आते है ख़्याल,
महसूस करती हूँ आपसे बंध गयी हो एक अनजान डोर,
'दोस्ती' कहते है इसे, जो है अनमोल ।

13. खिलौना

शायद ज़िंदगी ने हमें खिलौना समझकर खेला,
यूँ तो हज़ार ग़म थे ही, पर एक और ग़म का रंग पिरोया ।

दो पल की ख़ुशी दे कर खिंच लिया ये ख़ुशी का चोला ।
दिखा दिया हमें असली रंग जो सिर्फ़ शायद,
हमारे लिए ही था बना ।

14. फ़रेब

अगर ख़ुशियाँ ना की हवाले हमारे,
तो ग़म से क्यों हमारा दामन भिगो गए?

रह सकते थे तनहाई में, क्यों साथ निभाकर छोड़ गए?
मुस्कुराकर हम जीते थे, क्यों आंसुओं के सागर में छोड़ गए?
कभी तो एहसास होगा तुम्हें,
जब हम नहीं रहेंगे हमारे ।

15. बदनामी

पहली बार वो गलती की,
आपको चाह कर हमने अपनी ही बदनामी की।

आपने शायद हमें क्या समझा, वो ख़ुदा ही जाने,
हमने आपको अपना खुदा माना
आप यह कभी ना समझ सके ।

16. महफ़िल

अकेलेपन से अब कोई शिकवा नहीं,
जब यही हमसफ़र हो हमारा ।
तनहाइयाँ ही महफ़िलें है,
बाकी महफ़िलों से हमने कर लिया है फ़ासला ।

17. यादें

ज़िंदगी में ग़र कुछ हार बैठे,
ग़म में डूबे, दुखों को झेलते बैठे,
जब लगा बेसहारा हो,
किनारा दूर कहीं, यहाँ सागर हो ।

तब ऐ साथी याद करना बीते पल,
ख़ुशियाँ सिमट कर बिछ जाएगी उस पल कदमों में तुम्हारे,
ज़िंदगी का मतलब
कुछ समझ जाओगे ।
तुम याद करोगे यादों को ,
कुछ हमारी यादों में बह जाओगे ।

18. तलाश

देखा नहीं तुम्हें अब तक,
तलाश है जारी उन ख़्वाबों में,
जो धुंधली सी तस्वीर बिखेर कर,
तुम्हें और क़रीब कर जाते ।

कब आओगे इस सुनी सी दुनिया में मेरी ?
कहीं उम्र ना गुज़र जाए इंतज़ार में,
तेरी राह देखेंगे हर ज़िंदगी,
हर जनम तक, इसी कदर प्यार में।

19. अकेले

आम इंसान तो हूँ,
पर इंसानियत बेच दी ।
जिने का हक़ तो है,
पर ज़िंदगी बेच दी ।

बचपन में ना देखी माँ की ममता,
दर्द नहीं होता इसलिए जब कोई कफ़न पहनता ।

चल-चल के ज़िंदगी में इतने आगे है बढ़ चुके,
पीछे मुड़ देखे, तो कदमों के निशान ना मिले ।

जाना किधर है, मंज़िल नहीं,
इस दर्या का शायद, कहीं कोई नहीं साहिल ।

20. बेक़रारी

आओगे जब तुम क़रीब हमारे ,
ना हो यक़ीन अगर आपको हमारी बेक़रारी का,
तो सवाल कीजिएगा उन आसमाँ में बिखरे असंख्य तारों से
जो मेरी चाहत की तरह है अमर ।

यह गवाह है मेरी हर बेक़रारी, हर सपनो के,
जो आपकी इंतज़ार में है पले बढ़े ।

21. हीरा

ख्वाइशे तो बहुत है,
पर मन है छोटा ।
ढूँढती हूँ ऐसा जो बना सके,
इस पत्थर को इक हीरा ।

www.ingramcontent.com/pod-product-compliance
Lightning Source LLC
La Vergne TN
LVHW050828051026
849532LV00008B/3169